# J'AIME GARDER MA CHAMBRE PROPRE

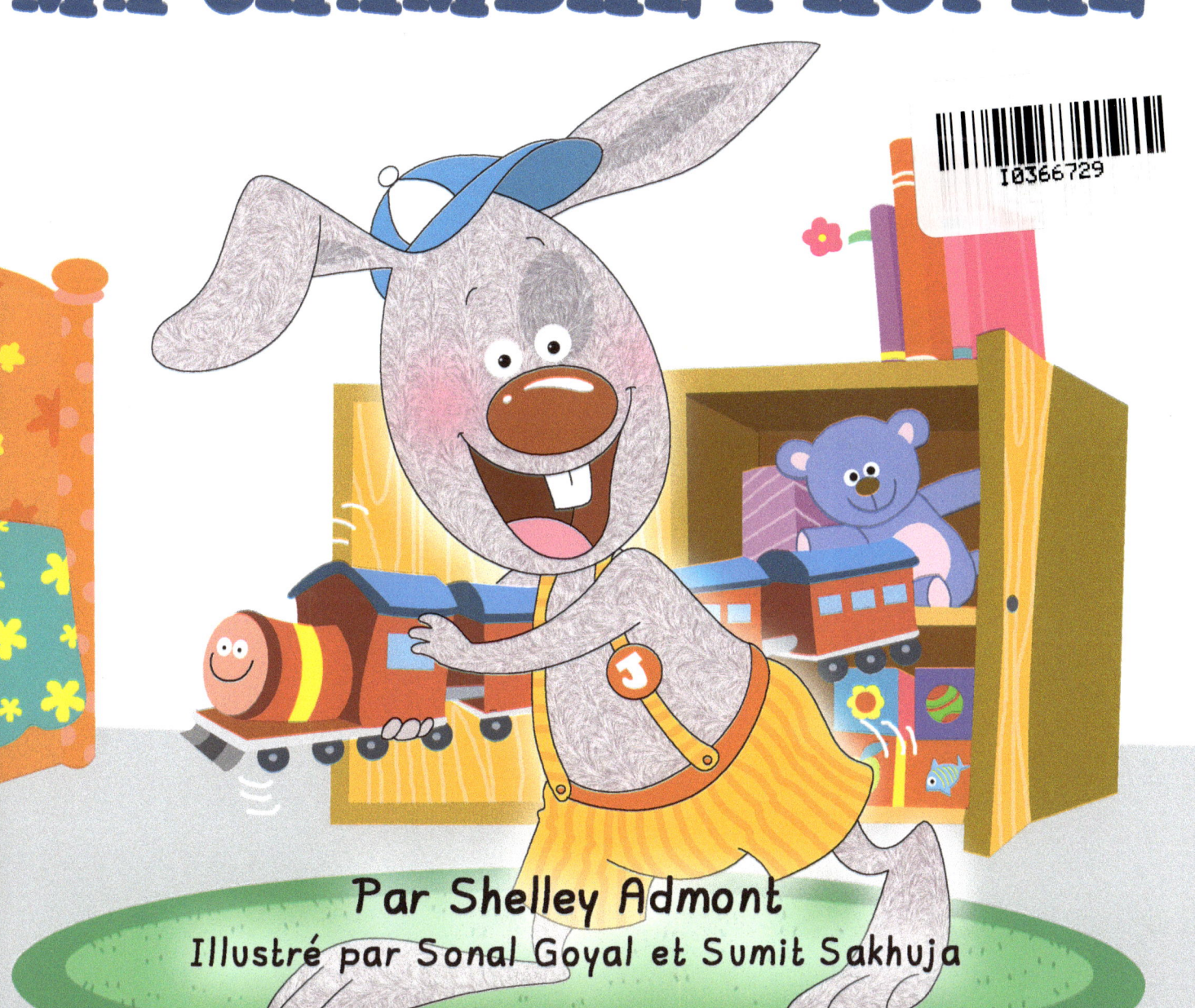

Par Shelley Admont
Illustré par Sonal Goyal et Sumit Sakhuja

www.kidkiddos.com
Copyright©2014 by S.A.Publishing ©2017 by KidKiddos Books Ltd.
support@kidkiddos.com

All rights reserved. No part of this book may be reproduced in any form or by any electronic or mechanical means, including information storage and retrieval systems, without written permission from the publisher or author, except in the case of a reviewer, who may quote brief passages embodied in critical articles or in a review.
Tous droits réservés. Aucune reproduction de cet ouvrage, même partielle, quelque soit le procédé, impression, photocopie, microfilm ou autre, n'est autorisée sans la permission écrite de l'éditeur.
Second edition, 2019

Translated from English by A.S.Belyaev
*Traduit de l'Anglais par A.S.Belyaev*

**Library and Archives Canada Cataloguing in Publication**
I Love to Keep My Room Clean (French Edition)/ Shelley Admont
ISBN:978-1-5259-1635-9 paperback
ISBN: 978-1-926432-23-6 eBook
ISBN:978-177268-386-8 hardcover

À ceux que j'aime le plus-S.A.

C'était un samedi matin ensoleillé dans une lointaine forêt. Trois frères lapins venaient de se réveiller quand leur maman entra dans la chambre.

- Bonjour, les garçons, dit Maman. Je vous ai entendu bouger.

- Aujourd'hui, c'est samedi, nous pouvons dormir aussi longtemps que nous voulons, dit le frère cadet avec un sourire.

- D'accord, dit Maman quand ils furent tous calmés, vous pouvez rester au lit encore un peu. Mais Il faut que j'aille voir votre mamie aujourd'hui et vous devez rester avec Papa jusqu'à ce que je revienne.

- Quand vous serez levés et que vous aurez brossé vos dents, vous prendrez votre petit-déjeuner, expliqua Maman.

- Ensuite, vous pourrez lire des livres ou jouer avec vos jouets. Si vous voulez, vous pourrez sortir et faire du vélo.

- Hourrah ! Les frères lapins commencèrent à sauter de joie sur leur lit.

- Mais..., ajouta Maman, vous êtes responsables du rangement de votre chambre.

- Quand je reviens, je veux trouver cette maison propre et rangée, exactement comme elle est maintenant. Vous pouvez le faire?

- Bien sûr, Maman, répondit fièrement l'aîné. Nous sommes assez grands et nous pouvons être responsables.

Après s'être brossé les dents, Papa leur servit un délicieux petit-déjeuner et un dessert encore plus délicieux. Puis les jeux commencèrent !

Les lapins commencèrent par assembler leur puzzle. Puis, ils continuèrent avec leurs blocs de construction en bois. Enfin ils jouèrent ensemble avec les rails avant de mettre le train en marche.

- Ce train est mon préféré, dit Jimmy tandis qu'il appuyait sur le bouton. C'est le plus beau cadeau que j'ai reçu lors de mon dernier anniversaire.

Après avoir joué à l'intérieur pendant des heures, les lapins commencèrent à s'ennuyer.

- Allons jouer dehors ! dit le frère cadet, en regardant par la fenêtre.

- Youpi ! Mais nous devons d'abord ranger notre chambre, dit l'aîné.

- Oh, nous avons le temps jusqu'au retour de maman, répondit Jimmy, nous pouvons ranger plus tard. Les deux grands frères approuvèrent et ils sortirent.

Dehors, les trois profitèrent du soleil. Ils firent du vélo, jouèrent à cache-cache et à Jacques-a- dit. Finalement, ils décidèrent de jouer au basketball.

- Nous aurons besoin du ballon de basket, dit l'aîné. Mais je ne me souviens plus où nous l'avons mis.

- Je crois qu'il est sous mon lit, ajouta Jimmy. Je vais regarder. Et il courut dans la maison, espérant y trouver le ballon.

Quand il ouvrit la porte de la chambre, il fut très surpris. Le plancher était couvert de pièces de puzzle, de blocs à construire, de voitures, de rails et d'autres jouets.

Il y a beaucoup trop d'objets jetés sur le sol, pensa Jimmy, en se dirigeant vers son lit.

Tout à coup, il trébucha et perdit l'équilibre. Il essaya de rester debout mais tomba, justement, sur son train préféré.

- Ouille ! hurla-t-il, regardant les roues du train voler dans toutes les directions. Noooon, mon train ! Jimmy fondit en larmes.

- Tout va bien, chéri ? Papa apparut sur le seuil. Mais il ne put pas entrer dans la chambre à cause du désordre.

- Je vais bien. Mais mon train… cria Jimmy, montrant les roues cassées.

- Je ne peux même pas voir le train, dit Papa. Et que s'est-il passé exactement dans cette chambre?

- Nous avons seulement joué... et ensuite je suis tombé, continua Jimmy, des larmes roulant sur son visage.

- Jimmy, qu'est ce qui te prend si longtemps ? C'étaient les voix de ses deux frères qui entraient en courant dans la maison.

- Mon train est cassé ! Jimmy n'arrêtait pas de pleurer.

- Ne pleure pas, Jimmy, dit l'aîné. Nous allons réfléchir. Papa ?

- Je vais regarder. Peut-être que je pourrais le recoller, dit Papa. Mais vous devez tout ranger ici. Apportez-moi le train et les roues quand vous les aurez trouvés. Puis, Papa sortit de la chambre.

- Nous devons faire vite, avant que Maman arrive dit l'aîné.

- Mais ranger c'est ennuyeux, dit Jimmy en soupirant.

- Jouons à un jeu de rangement, s'exclama son frère aîné.

Jimmy devint tout excité.
- Une tempête approche ! cria-t-il. Nous devons aider tous les jouets à rentrer chez eux.

- Nous sommes des super-héros, hurla le cadet. Il ramassait les jouets qui étaient par terre et les remettait chacun à sa place.

Tout en jouant, les frères rangèrent et nettoyèrent tout ce qui trainait.

- J'ai toutes les roues, s'exclama Jimmy, en courant vers son père, le train cassé et les roues dans les mains.

- Voilà, j'ai trouvé le ballon de basket ! hurla le frère cadet tout excité.

- Mets-le dans sa boîte et... nous avons fini, dit l'aîné joyeusement.

- C'était vraiment amusant, dit le frère cadet, en s'asseyant sur son lit.

- Non ! hurla Jimmy alors qu'il entrait dans la chambre. Ne t'assois pas là !
- Quoi ? Pourquoi ?! Demanda le frère cadet en descendant du lit.

- Tu viens de faire ton lit. Si tu t'assois dessus maintenant, tu devras le refaire, expliqua Jimmy.

- Peut-être que nous pourrions lire un livre, maintenant, suggéra l'aîné en s'approchant de l'étagère.

- Ne touche pas ces livres, cria Jimmy. Je les ai tous organisés par couleurs !

- Pardon, dit le frère aîné. Mais qu'est-ce qu'on va faire ? On ne peut jouer avec rien.

Le silence tomba dans la chambre. Ils réfléchirent un moment puis le frère aîné s'écria.
- J'ai une idée !

- Et si on rangeait après chaque jeu ? proposa-t-il. Comme ça, ranger nos jouets ne nous prendrait plus autant de temps.

- Essayons, dit joyeusement Jimmy.

D'abord, l'aîné lut à ses jeunes frères un merveilleux livre avec des images en relief. La lecture terminée, il rangea le livre sur l'étagère.

Puis ils construisirent une grande tour avec leurs blocs de couleur. Quand ils eurent fini, ils remirent les blocs dans leur boîte – et la chambre resta bien rangée.

A ce moment-là, Maman et Papa frappèrent à la porte.

- Vous m'avez tellement manqué, dit Maman, mais je vois que vous vous êtes débrouillés pour garder votre chambre rangée. Je suis très fière de vous.

- Et voici ton train, Jimmy, dit Papa, en lui tendant le jouet. Les roues avaient été collées et Jimmy fit un grand sourire.

- Qui veut goûter les biscuits que mamie a fait pour vous ? demanda Maman.

- Moi ! s'écrièrent les frères lapins et leur papa en même temps.
- Mais nous les mangerons dans la cuisine, pas dans notre chambre toute propre, dit Jimmy très sérieusement. Pas vrai, Maman ?

Toute la famille éclata de rire. Ils allèrent à la cuisine pour manger des biscuits.

Depuis ce jour, les frères aimaient beaucoup garder leur chambre propre et rangée. Ils jouent avec tous leurs jouets mais, une fois qu'ils ont fini, ils remettent chaque chose à sa place. Ils n'y passèrent plus jamais trop de temps.

Ils n'y passèrent plus jamais trop de temps.

www.ingramcontent.com/pod-product-compliance
Lightning Source LLC
Chambersburg PA
CBHW061138070526
44584CB00033B/4357